DISCOURS

PRONONCÉ A TRÉVOUX

Le Dimanche 24 Octobre 1875

PAR

M. HENRI GERMAIN

DÉPUTÉ

PRÉSIDENT DU CONSEIL GÉNÉRAL DE L'AIN

—————❖—————

MESSIEURS,

En vous réunissant aujourd'hui, j'ai voulu vous entretenir des affaires de notre pays.

Depuis notre dernière entrevue, un fait important et inespéré a eu lieu : une Constitution a été votée. Au lendemain du 25 février, on aurait dû modifier la politique intérieure; il n'en a malheureusement rien été. Les conséquences heureuses qu'on pouvait attendre de ce vote ont été surtout compromises par celui qui, plus spéciale-ment, venait de recevoir la mission de faire de cette Constitution une réalité vivante.

Je vous parlerai peu de la Constitution et des affaires étrangères; je me réserve, surtout, d'examiner la politique suivie à l'intérieur, et d'établir que, trop rarement, elle a obtenu l'assentiment de la nation; puis je rechercherai les causes de cet échec et les moyens de faire cesser le conflit en-gagé entre la majorité de l'Assemblée et l'opinion publique.

De la Constitution, il me suffira de dire qu'elle a rendu son indépendance au pou-voir exécutif en substituant deux chambres à une seule assemblée permanente. Sous le régime des conventions, on peut craindre à chaque instant un conflit qui, trop sou-vent, se termine par un coup d'Etat ou par l'anarchie. Le pouvoir exécutif rendu à sa liberté d'action, il fallait créer une chambre haute en essayant de lui donner du crédit sur l'opinion publique. Or, l'expérience des Constitutions de 1830 et de 1852 avait démontré que les assemblées nommées par le souverain n'avaient guère, quelle que fût la distinction de leurs membres, plus d'action sur le pays qu'une académie; on ne songeait même pas à les dissoudre un jour de révolution !

On a donc confié à la nation elle-même la désignation des sénateurs; mais, en même temps, pour donner aux conservateurs plus de garanties, on a choisi un mode de scrutin qui annule le vote des grandes villes, où le parti révolutionnaire compte surtout des adhérens.

N'oublions pas la part prise par le Chef de l'Etat dans le vote de la Constitution; c'est lui qui, à plusieurs reprises, a mis l'Assemblée en demeure de sortir du provisoire; le Maréchal de Mac-Mahon a ainsi contribué à l'établissement de la République en dotant ce gouvernement d'une constitution et en garantissant aux plus timorés le maintien de l'ordre.

Je suis heureux d'avoir également à louer la politique étrangère; on ne peut que féliciter le Ministre du quai d'Orsay de l'habileté qu'il montre dans des situations souvent délicates.

Il n'est pas toujours facile, dans les circonstances présentes, de sauvegarder l'honneur et les intérêts de notre pays : il faudra un long temps pour réparer les funestes conséquences d'une politique qui a conduit l'Autriche à Sadowa et la France à Sedan. Souhaitons qu'au milieu des crises prochaines ce Ministre reste à un poste où il sert la France et non pas un parti.

Si nous examinons maintenant la politique suivie, depuis 1870, en France par les divers gouvernements j'ai le regret de constater que, rarement, elle a obtenu l'assentiment de la nation.

Pour s'en convaincre, il suffit de jeter les yeux sur les élections faites depuis 1871 : Au 8 février 1871, sur 759 élections, plus des trois cinquièmes appartiennent aux adversaires du Gouvernement du 4 septembre. Par contre, dans la période suivante, sur 159 élections, l'immense majorité est favorable à la politique suivie par M. Thiers. Enfin, depuis le 24 mai, sur 32 élections, la politique de la majorité monarchique de l'Assemblée compte 31 échecs et un succès.

Quel enseignement tirer de ces faits récens et éclatans ? Il en ressort tout d'abord qu'il ne suffit pas de détenir le pouvoir pour disposer des suffrages de la nation. Qui avait un pouvoir plus absolu que le Gouvernement du 4 septembre ? Ce n'était ni la liberté de la presse, ni l'opposition du Parlement qui gênaient son action. Les préfets et les sous-préfets étaient de son choix, et pourtant il a échoué devant le scrutin.

Les monarchistes de l'Assemblée nationale s'exagéraient également l'influence de l'administration sur les électeurs quand, sous le gouvernement de M. Thiers, ils portaient au chef de l'Etat leurs doléances et leurs remontrances à propos de chaque élection dans laquelle ils subissaient une défaite.

Ils accusaient alors le gouvernement de favoriser leurs adversaires; ils lui disaient qu'il serait bien facile, en changeant quelques administrateurs, de modifier le résultat des scrutins. Après le 24 mai, les monarchistes se sont emparés du pouvoir, et ils n'ont pas manqué de remanier le personnel administratif depuis les préfets jusqu'aux maires. Quels résultats ont-ils obtenus? Je vous le disais tout à l'heure : les réactionnaires obtenaient la majorité, quand les hommes du 4 septembre étaient au pouvoir; au contraire, depuis qu'eux-mêmes dirigent les affaires et nomment tous les fonctionnaires, leur parti subit le plus cruel échec qu'il ait jamais éprouvé ; ils obtiennent moins de suffrages que sous le gouvernement de M. Thiers. Que faut-il en conclure, sinon que la France a une volonté et qu'elle poursuit énergiquement un but.

Oui, depuis cinq ans comme depuis un un siècle, la France est résolue à défendre la société moderne contre toute attaque de droite ou de gauche.

Il est maintenant nécessaire d'esquisser à grands traits les caractères de cette société sortie victorieuse de toutes les crises. Alors, seulement, les mots de réactionnaires, de conservateurs et de radicaux auront un sens exact.

La société moderne, telle qu'elle est sortie de la Révolution de 89, voilà ce que la France veut conserver intact, et aujourd'hui les révolutions sociales ou politiques sont sans objet comme sans excuses.

Si nous jetons les yeux sur la France et si nous comparons son état actuel à celui du siècle dernier, nous ne constatons pas seulement le développement de la richesse et les progrès de la science, nous sommes également frappés de la répartition différente de la propriété et du pouvoir.

Comparez le nombre actuel des propriétaires du sol avec celui du siècle dernier; essayez d'y ajouter ceux qui possèdent des rentes, et vous trouverez que, si la masse de la richesse s'est grandement accrue, le nombre des mains entre lesquelles elle est répandue a augmenté plus encore. Eh bien! en même temps que nous assistons au spectacle consolant que nous offre le grand nombre arrivant à l'aisance, nous trouvons un mouvement analogue dans la répartition du pouvoir et des influences, et c'est ici que je réclame votre bienveillante attention.

Tandis que le sol et la rente s'émiettent chaque jour au profit de nouveaux propriétaires, le pouvoir politique et l'influence sur les affaires publiques se répartissent entre un plus grand nombre de citoyens; il suffit, pour constater ce mouvement, de parcourir les noms des maires, la composition des conseils municipaux et généraux et des Chambres législatives.

Celui qui n'attacherait pas la plus grande importance à cette participation du grand nombre aux affaires publiques et qui croirait qu'il suffit de gouverner avec sagesse, commettrait une erreur aussi grossière que celui qui penserait qu'il suffit que le sol soit bien cultivé et qu'il est indifférent qu'un nombre plus ou moins grand le possède. Je ne serai pas démenti par vous, Messieurs, qui me faites l'honneur de m'écouter, quand je dirai que vous défendriez,

2

avec un soin également jaloux, votre propriété et votre légitime pouvoir dans la
commune; votre propriété et votre influence ont, du reste, la même origine;
vous devez l'une et l'autre à la justice de
nos institutions actuelles, à vos labeurs et
à vos lumières.

Si j'avais à définir la Société française, je
dirais que, sous toutes les formes de gouvernement, elle reste une démocratie dans
laquelle, chaque jour, un plus grand nombre
arrive, par le travail et par l'instruction, au
partage de l'aisance et de l'influence, naguère réservées à quelques-uns. Sont
seuls conservateurs, ceux qui entendent
qu'il ne soit porté aucune atteinte à cette
démocratie; usurpent, au contraire, ce nom
ceux qui veulent ou nous ramener en
arrière ou ébranler cette société à l'ombre
de laquelle les fils de leurs œuvres occu-
pent chaque jour une plus grande place.

Il me reste maintenant à parler de ceux

qui inquiètent ou menacent la société nouvelle; c'est-à-dire des réactionnaires et des
radicaux.

Je ne ferai à aucun parti l'injure gratuite
de supposer qu'il désire restaurer l'ancien
régime; mais je crois rester dans la vérité
en affirmant qu'un certain nombre d'hommes, et beaucoup parmi ceux qui portent
les plus grands noms, voudraient nous
ramener un peu en arrière, ou tout au
moins opposer une digue au flot envahis-
sant du grand nombre. C'est ce parti qui,
faisant de la croisade contre les conquêtes
de la Révolution le symbole de la monarchie, a rendu la restauration de l'ancienne
dynastie impossible, et le descendant de
l'illustre Maison de France a signé son
abdication le jour où il a déclaré qu'il ne
serait jamais le Roi légitime de la Révolution.

Il n'est plus de mode aujourd'hui de
gémir de la trop grande division du sol

et des obstacles qu'elle apporte à sa bonne culture, ni de se désoler des progrès de l'instruction ; mais ne trouvons-nous pas les mêmes tendances dans les défiances longtemps manifestées par la majorité de l'Assemblée actuelle contre le maintien du Suffrage universel et contre l'Université ? Les tentatives malheureuses qui ont pu rappeler la loi du 31 mai et le vote de la loi sur l'enseignement supérieur, ont excité les susceptibilités de la nation. Oui, ce même peuple, dont l'immense majorité est pleine de respect pour le clergé dans son église, n'entend lui livrer ni l'instruction publique, ni le gouvernement des affaires du pays.

La manière dont la loi des maires a été appliquée a également fait craindre aux cultivateurs, depuis longtemps maîtres de la gestion des affaires communales, qu'ils eussent à subir la double influence dont ils étaient dégagés depuis 1830.

C'est donc par un abus de langage qu'on

range parmi les conservateurs de la société actuelle un parti qui rêve de refaire une société plus voisine de l'ancienne; il faut lui restituer son nom et l'appeler le parti réactionnaire.

En vain les habiles croient faire illusion au public en divisant l'Assemblée et le pays en deux partis seulement : les conservateurs et les radicaux; ils n'oublient que les réactionnaires, c'est-à-dire eux-mêmes. La nation, par 31 élections sur 32, nous montre qu'elle ne se trompe pas sur le vrai sens des mots.

Quant aux révolutionnaires qui comptent surtout leurs adhérens dans les grandes villes, ils ont la prétention de faire une société nouvelle. Pour les uns, il ne s'agit de rien moins que de procéder à une nouvelle distribution des richesses; l'inégalité des biens les choque, et ils rêvent, pour le bonheur du genre humain, de le ramener à l'égalité des conditions, c'est-à-dire à la commune misère de l'état sauvage. L'insurrection du 18 mars a pourtant montré aux plus incrédules qu'une révolution ne pouvait plus produire dans la société actuelle que des crimes. Il fut un temps où ce parti comptait des théoriciens qui n'étaient pas sans talent; maintenant on est frappé de la misère de ses doctrines. Ce n'est pas qu'à notre époque, il y ait moins d'âmes généreuses ni que les souffrances aient disparu; non, mais les esprits éclairés par l'histoire ne demandent plus qu'à la justice de nos institutions, éprouvées par l'expérience, la solution des problèmes que quelques-uns attendaient vainement, autrefois, de leurs systèmes.

D'autres ont seulement la prétention de déplacer les influences, et, au lieu de ne confier la direction des affaires qu'aux plus capables et aux plus laborieux, de faire gouverner les communes et au besoin l'Etat par ceux qui n'ont pas encore fait leurs preuves.

Si jamais la France voyait aux affaires
ce parti qui menace sa sécurité, son crédit,
sa fortune, elle n'hésiterait pas à le condam-
ner. En vain, les révolutionnaires trouvent
également commode de diviser le pays et
l'Assemblée en deux partis seulement, les
républicains et les monarchistes; ils ne feront croire à personne qu'il y ait rien de
commun entre les hommes de la Commune
et ceux qui les ont combattus.

La République est le résultat de la sépa-
ration douloureuse accomplie à la fin du
siècle dernier entre la France et sa dynastie.
Depuis lors, le pouvoir exécutif a été élec-
tif. Une seule fois il s'est transmis par hé-
rédité et il n'en a pas été plus durable.
En organisant la République, le 25 février
dernier, on s'est donc borné à donner
un caractère légal à un état de fait
qui existait depuis longtemps et à fournir
au pays le moyen de nommer régulière-
ment le chef du pouvoir exécutif, qui,

trop souvent, sortait des révolutions.

Mais ceux qui confondent encore la République avec une rénovation sociale ou politique commettent la même erreur que ceux qui croiraient, en proclamant un roi, changer la France nouvelle. Leur commune erreur a une commune origine; le changement dans la forme du gouvernement ayant coïncidé, en France, avec un changement de la société, beaucoup d'esprits ont, à tort, associé ces deux faits indépendants l'un de l'autre. Il n'y a plus, je le répète, de rénovation sociale ou politique à attendre de la République, et les radicaux qui arborent son drapeau la compromettent, comme les réactionnaires ont compromis la monarchie.

Je crois avoir démontré plus haut qu'entre la politique suivie par la majorité de l'Assemblée depuis le 24 mai, et la grande majorité des vrais conservateurs, il existe un conflit. Quel moyen de le faire cesser sinon de procéder à de promptes élections? A quoi servirait de remettre en question ce que la majorité actuelle a déjà résolu? Est-il probable que la Chambre, à la veille des élections générales, se dessaisisse de ses moyens d'action, change ses fonctionnaires, en choisisse de plus républicains et rapporte la loi des maires? C'est plus que douteux. Ce qui est certain, c'est le temps qu'on fera perdre au pays; et d'ailleurs, faut-il trop s'effrayer des résultats obtenus depuis le 24 mai par l'action administrative? Quand, sur 32 élections, elle est une fois victorieuse, y a-t-il lieu de désespérer? Pensez-vous que les fonctionnaires, à la veille d'élections qui feront passer la majorité dans d'autres mains, montreront plus de zèle et seront mieux écoutés des populations?

Serait-il plus opportun de provoquer une crise ministérielle? Je ne le pense pas.

Une seule politique é suivie depuis le

24 mai, c'est celle de la majorité de l'Assemblée. Pourquoi aurait-elle pour interprètes des hommes moins éminents que les chefs des cabinets du 25 mai 1873 et du 10 mars 1875 ? Et puis, dans le ministère actuel, malgré son homogénéité dont personne ne doute, et dont les discours de Dompaire et du château de Stors nous apportaient naguère le touchant témoignage, n'est-il pas permis de supposer que, s'il y a unité de foi, il y a diversité dans l'interprétation des dogmes et dans les personnes ? Est-il indifférent d'avoir, à côté du Vice-Président du Conseil, le Ministre le plus important, le Garde des sceaux ? N'est-ce rien encore, pour assurer l'impartialité dans la lutte prochaine, que de savoir la Présidence de l'Assemblée entre les mains d'un homme qui a conservé intactes les grandes traditions de sa famille ? Enfin, le Pouvoir exécutif n'est-il pas confié au Maréchal de Mac-Mahon

qui fait appel aux hommes modérés ?

Ceux qui, aujourd'hui, songent à soulever des questions ministérielles se trompent de date. A la veille des élections générales, il s'agit moins de savoir si le ministère actuel, expression exacte de la Chambre, a conservé sa confiance, que si l'Assemblée elle-même représente fidèlement le pays. L'ordre du jour de la prochaine session ne devrait donc contenir que deux questions : la loi électorale et la nomination des 75 sénateurs par la Chambre.

Ah ! sans doute, il eût été préférable qu'au lendemain du 25 février, on eût suivi une politique plus conforme aux vœux de la nation ; que, s'occupant moins d'obtenir la majorité dans le Parlement, on eût songé davantage à rallier les conservateurs le jour du scrutin.

Les circonstances se prêtaient, du reste, à la réalisation de ce plan. Dans la Chambre, le Président de l'Assemblée nationale, désigné à tous par son caractère et par son talent, venait d'être, presque malgré lui, porté au pouvoir pour mettre en œuvre la Constitution dont il avait favorisé le vote. Dans le pays, après le désastre de Sedan, l'échec de la Restauration monarchique et le vote de la Constitution du 25 février, dont le message de novembre 1872 avait été l'éloquente préface, il y avait sept millions de conservateurs disposés à se rallier à la République dont les événements avaient fait le gouvernement de la France. Le chef du cabinet s'est-il alors mis résolument à la tête de ces sept millions de conservateurs qui sont l'armée de tout gouvernement qui représente à la fois l'ordre et la démocratie ? Leur a-t-il témoigné sa confiance dans son propre gouvernement ? En même temps qu'avec raison il écrivait à ses fonctionnaires de maintenir l'ordre avec plus d'énergie que jamais, leur a-t-il enjoint de servir la

République ? Non, il a affecté systéma-
tiquement de confondre les républicains et
les radicaux et, en agissant ainsi, il a, plus
que personne, contribué à unir dans le
Parlement les trois groupes de gauche. En
refusant de faire de la Constitution actuelle
une réalité vivante, il a remis en question
la forme du gouvernement et il oblige le
pays à la trancher lui-même aux prochaines
élections.

En paraissant rougir de la République
dont il est le premier ministre, il s'est livré
à ses adversaires, c'est-à-dire aux bona-
partistes et aux légitimistes, qui n'entendent maintenir la République qu'à l'état
de régime expérimental. En ressuscitant,
malgré la Constitution de février, la politique du Septennat, il n'est plus aujourd'hui
qu'un général sans drapeau. Aussi, au jour
prochain de la bataille entre les républicains, les impérialistes et les monarchistes,
aux prises devant le pays, il sera sans soldats.

En terminant, Messieurs, je vous propose de boire, en même temps, à la santé du Maréchal de Mac-Mahon, à la date là plus rapprochée des élections et au triomphe des vrais conservateurs. Les conservateurs seuls, en se ralliant autour de la République, qui est aujourd'hui le drapeau de la France, pourront préserver notre pays des trois fléaux qui, depuis un siècle, le désolent tour à tour et qui s'appellent la Réaction, le Radicalisme et l'Invasion.

www.ingramcontent.com/pod-product-compliance
Lightning Source LLC
Chambersburg PA
CBHW072026290326
41934CB00011BA/2888